AF314690

Danse Lecouteulx
a Beauvais 1800.

# INSTRUCTION

## POUR

## LES CONFRERES

## DU

# ROSAIRE.

*AVEC LA MANIERE de se bien préparer à la Confession & à la Communion.*

**A PARIS,**

Chez L. SEVESTRE, Pont St. Michel, près le Palais, à saint Sylvestre.

M. DCC. XXXX.

*AVEC PERMISSION.*

8º Z le Semme 10.866

# INSTRUCTION
## POUR
## LES CONFRERES
## DU
# ROSAIRE.

---

## CHAPITRE PREMIER.

*De l'origine & de l'utilité de la Confrerie du Rosaire.*

A Confrerie du Saint Rosaire a été premierement établie en France par Saint Dominique, Fondateur de l'Ordre des Freres Prêcheurs, pour obtenir de Dieu, par l'inter-

cession de la bien-heureuse Vierge, la conversion des pecheurs,
l'extirpation des heresies, la con-
servation de la foy & de la grace
dans les fideles & les justes, &
comme un excellent remede contre
la corruption des mœurs. Les enfans de ce saint Patriarche l'ont
répanduë ensuite par tout le monde
avec un fruit incroyable pour le
salut des âmes, & une benediction du Ciel toute particuliere.

Cette pratique de pieté s'est renduë si utile & si universelle dans l'E-
glise, parce qu'elle ne consiste pas
dans l'exercice de quelque devotion
particuliere, mais qu'elle renferme
d'une maniere facile & propre à
tout le monde, les cinq principaux
& plus solides moyens de salut &
de sanctification, que Dieu a mis
dans son Eglise.

Le premier est la consideration,
laquelle est comme la lumiere & la

nourriture de l'âme dans les voyes
de Dieu. Mais cette consideration
pour être salutaire doit être chrétienne ; celle des sages du monde
n'ayant servi, comme dit S. Paul,
qu'à rendre les hommes plus cri-
minels & moins excusables. C'est
à dire, qu'elle doit chercher à connoître Dieu, non pas par les élevations d'un esprit orgueilleux,
mais par l'humble connoissance de
son Fils incarné. C'est par lui seul
que nous connoissons Dieu comme
il faut pour l'aimer & pour le chercher ; c'est à dire comme un Dieu
plein de bonté pour nous, qui a pitié de notre misere ; qui nous a donné jusques à son propre Fils, pour
faire avec nous une alliance éternelle de paix & de grace ; qui a
toûjours des entrailles d'une misericorde infinie pour nous recevoir,
lors même que nous revenons à lui
après tant de fautes & d'ingratitu

A iij

des. On ne sçauroit considerer Dieu de la sorte, sans être touché du désir d'aller à lui, & les hommes ne s'en éloignent, que par ce que leur cœur tout plein des soins de la terre, ne donne point d'entrée à des pensées si salutaires. C'est donc pour rendre cette maniere de connoître Dieu par Jesus - Christ, familiere à tous les hommes, qu'on leur met devant les yeux un abregé de sa vie, de sa mort & de sa gloire, dans les quinze Mysteres du Rosaire, & qu'on les engage doucement à s'en instruire, à y penser quelquefois, & à les honorer par leur souvenir.

Le second moyen de salut est la priere continuelle ; car la consideration de ce que Dieu a fait pour nous par son Fils, met bien dans notre cœur les semences de son amour : mais elle n'y sçauroit porter le fruit d'une charité parfaite,

fi Dieu n'y verfe d'en-haut la ro-
fée de fa grace ; ce qui nous oblige de la lui demander fans ceffe.
Par la Confrerie du Rofaire on a
tâché d'accoûtumer les hommes à
cette priere continuelle, en leur
mettant très-fouvent dans la bouche les deux prieres les plus excel-
lentes & les plus efficaces que nous
ayons dans l'Eglife, qui font l'O-
raifon Dominicale & la Salutation
Angelique.

Le troifiéme moyen de falut eft
l'affociation de plufieurs perfonnes
dans un même efprit de priere.
Notre Seigneur a promis à ceux
qui s'uniffent pour le prier, d'être
au milieu d'eux, & de leur accorder tout ce qu'ils lui demanderont
pour leur falut. Cette fainte union
fe trouve excellemment dans la
Confrerie du Rofaire, puifque par
elle on joint fes prieres à celles
d'une infinité de faintes âmes dont

les oraisons sont très - agreables à Dieu. Comme cette Confrerie est répanduë par tout le monde, il n'y a point de lieu ni de temps où un Confrere du Rosaire ne soit assuré d'avoir des personnes qui louent, & qui prient Dieu pour lui. S'il repose, il y en a qui veillent en sa place : s'il est dans le danger, une infinité de saintes âmes s'interessent pour porter Dieu à le secourir : & sans doute qu'un fort grand nombre de pecheurs reçoivent de Dieu la grace de leur conversion par cette voye, en consideration des prieres & des larmes d'autres Confreres, que la divine Majesté veut bien exaucer en leur faveur.

Le quatriéme moyen de salut & de sanctification, est le frequent usage des Sacremens de la Penitence & de l'Eucharistie. Ce sont les deux fontaines du Sauveur, d'où ceux qui en approchent souvent

& comme il faut, puisent les eaux du salut & de la grace. La Confrerie du Rosaire procure encore ce bien à ceux qui en sont, en leur faisant un devoir tous les commencemens des mois & les principales Fêtes de l'année, de rentrer en eux-mêmes pour se disposer à la Confession & à la Communion : & il est certain qu'une infinité de personnes vivroient dans une grande negligence de leur salut sans ce secours ; & que d'autres, engagez dans une vie peu chrétienne, en sortent par cette exactitude qu'ils ont à rendre compte tous les mois de leur conduite à un sage Directeur, Dieu benissant enfin leur humble perseverance, & les avis salutaires de leurs Confesseurs.

Enfin le cinquiéme moyen de salut est la devotion à la sainte Vierge. Elle est la mere de la grace & de la misericorde, le refuge des pe-

cheurs & le soûtien des justes. Son
Fils pour l'honorer a attaché la
conversion & le salut d'une infinité
de personnes à sa protection. Le
Rosaire fournit à ses Confreres
une excellente maniere de meriter
cette protection si salutaire de la
bienheureuse Vierge , en l'hono-
rant & la benissant sans cesse. Si
Dieu permit à Abraham , en consideration de son Fils , qui devoit
naître de la race de ce Patriarche ,
de benir ceux qui le beniroient ;
comment ne comblera-t-il pas de
benediction ceux qui benissent con-
tinuellement celle qui lui est infiniment plus chere & plus proche
qu'Abraham ? Et si l'Apôtre assure
que ceux qui sement des benedic-
tions en recüeilleront un jour abon-
damment , les Confreres du Rosaire n'ont - ils pas sujet d'esperer à
l'heure de la mort la benediction
& le secours de la sainte Vierge ,

qu'ils lui demandent tant de fois , après s'être occupez toute leur vie à la benir & à l'honorer ?

---

# CHAPITRE II.

## *Des Indulgences dont l'Eglise a enrichi la Confrerie du Rosaire.*

Ette Confrerie étant si utile au salut des âmes, c'est un des plus grands biens qu'on puisse procurer aux Fideles , que de les y attirer , & de les porter à se servir efficacement des moyens qu'elle leur donne pour se sanctifier. C'est pour cela que l'Eglise l'a comblée d'une infinité de graces & d'indulgences, c'est à dire de trésors qu'on ne peut assez estimer. Car si on fait tant d'état de l'or & de l'argent , parce que par eux on se délivre des necessitez de la vie , & qu'on s'en procure les commoditez ; combien

devons-nous plus eſtimer les Indulgences de l'Egliſe, qui nous déli-
vrent de la neceſſité de ſouffrir en
Purgatoire des peines dont les plus
grands maux de la vie ne ſont quē
l'ombre, & qui nous ouvrent la
porte du Royaume de Dieu, en nous
délivrant de la neceſſité de ſouffrir
un feu en Purgatoire, qui, dans le
ſentiment des Theologiens, eſt de
même nature que celui de l'Enfer? Car il eſt certain qu'après la
remiſſion du peché il reſte encore
l'obligation d'y ſatisfaire par quelque peine bien plus grande qu'on
ne ſe l'imagine, particulierement
ſi on la differe juſqu'à l'autre vie,
qui eſt un temps de rigueur & de
juſtice. Mais il n'eſt pas moins aſſuré que Jeſus-Chriſt a laiſſé à ſon
Egliſe le pouvoir de remettre cette
peine, lorſqu'elle le jugeroit utile
au ſalut des Fideles, & de la chan-
ger en quelque bonne œuvre moins
penible,

penible , mais plus fanctifiante ,
fuppliant dans cette rencontre au
défaut de notre fatisfaction par
l'application des merites furabon-
dans de Jefus-Chrift & de fes Saints,
dont elle eft difpenfatrice : & c'eft
ce qu'on appelle Indulgence , qui
eft la grace la plus confolante
qu'on fçauroit faire à un pecheur
converti , mais accablé encore fous
l'obligation de fatisfaire à la juftice de Dieu pour les pechez paf-
fez.

Neanmoins il faut remarquer
que quoique les Indulgences foient
des remiffions de la peine dûë à
nos pechez, même de toute la peine,
lors qu'elles font plenieres , on ne
doit pas pour cela , en les gagnant,
negliger les œuvres de la penitence ; car cette negligence nous
rendroit indignes de la grace que
l'Eglife pretend nous faire. La
bonne maniere donc de gagner

B

l'Indugence , est d'expier ses fautes par la contrition , par la confession , par les larmes , par le jeûne , par l'aumône , par les autres œuvres de la penitence , autant que notre foiblesse le permet : mais reconnoissant combien nous sommes incapables de satisfaire entierement à la justice de Dieu pour tant de dettes que nous avons contractées, il faut avoir recours à l'Eglise notre bonne Mere , accomplir avec ferveur ce qu'elle nous ordonne , pour obtenir une entiere remission par l'indulgence , avec une ferme confiance que Jesus - Christ ratifiera dans le Ciel la grace que son Vicaire nous fait sur la terre, comme il l'a promis lui - même par ces paroles si consolantes : *Tout ce que vous délierez sur la terre sera délié dans le Ciel.*

C'est donc par l'effusion de cette sorte de grace que l'Eglise a voulu attirer les Fideles à la devotion du Rosaire, n'y ayant point de pratique de pieté qu'elle ait favorisée d'une plus grande quantité d'indulgences. La brieveté qu'on s'est proposée dans cette Instruction n'en permet pas un long détail. On les pourra voir dans la Bulle de notre saint Pere Innocent XI. & il nous suffira d'en rapporter en abregé les principales.

1. Le jour qu'on est reçû à cette Confrerie, en se confessant & communiant on gagne Indulgence pleniere.

2. La même Indulgence pleniere est accordée aux Confreres qui assistent à la Procession qu'on fait les premiers Dimanches des mois, & les principales Fêtes de la Vierge, qui sont la Conception, la Nativité, la Presentation, l'Annonciation, la Visitation, la Purification & l'Assomption ; ou même ne pouvant

pas y aſſiſter, en recitant devotement le Roſaire.

3. La même Indulgence leur eſt
accordée en viſitant la Chapelle du
Roſaire, & y priant ſelon l'intention de l'Egliſe, les premiers Dimanches des mois, & les jours qu'on
celebre quelqu'un des Myſteres.

4. Ils gagnent la même Indulgence à l'article de la mort, en in-
voquant de cœur, s'ils ne peuvent
de bouche, le très-ſaint Nom de
Jeſus & de Marie.

5. Ils peuvent choiſir tel Confeſſeur qu'il leur plaira, une fois pendant la vie, & une fois à l'article
de la mort, pour ſe faire appliquer
l'Indulgence pleniere, & la remiſſion de tous leurs pechez.

6 Viſitant cinq Autels dans l'E-
gliſe des F F. Prêcheurs, & diſant
devant chacun cinq fois le *Pater*
& *l'Ave*, ou même devant un ou
deux, s'il n'y en a pas cinq, ils ga-

gnent les mêmes indulgences qu'on gagne en faisant toutes les stations de Rome, qui sont très-grandes. Ces Autels dans l'Eglise des Freres Prêcheurs de saint Jacques de Paris, sont le Maître-Autel, & les Autels du Rosaire, de saint Thomas, de sainte Anne, & de saint Hiacinthe.

7. Les Prêtres qui ont permission de dire la Messe du Rosaire, & les Confreres qui y assistent devotement, gagnent les mêmes Indulgences qu'on gagne en recitant le Rosaire ; & ceux qui le font frequemment, gagnent la même Indulgence que gagnent ceux qui assistent à la Procession du premier Dimanche du mois : ils peuvent l'appliquer aux âmes des défunts par maniere de suffrage.

8. L'Autel du Rosaire dans les Eglises des F F. Prêcheurs est privilegié pour tous les jours & pour

toutes les Messes celebrées par lesdits Religieux pour les Confreres défunts.

Il y a encore plusieurs autres Indulgences concedées aux Confreres pour un très-grand nombre d'années, à chaque fois qu'ils recitent le Chapelet ; qu'ils visitent la Chapelle du Rosaire ; qu'ils assistent aux Offices, ou qu'ils font quelques autres œuvres de pieté chrétienne ; c'est à dire que ces œuvres étant satisfactoires d'elles-mêmes, elles le font encore beaucoup plus à l'égard des Confreres du saint Rosaire, par l'application des Indulgences que l'Eglise leur accorde lors qu'ils les exercent.

Toutes ces Indulgences sont très-assurées, puis qu'elles font renouvellées & confirmées par notre S. P. Innocent XI. dans sa Bulle donnée le 31. de Juillet 1679. dans laquelle il rapporte & ratifie ces gra-

ees, & plusieurs autres concedées
en divers temps par ses predecesseurs en faveur de la Confrerie du
S. Rosaire, pour exciter de plus en
plus les Fideles à l'embrasser, & à
se servir des moyens qu'elle leur
donne pour s'avancer dans la pieté.

---

## CHAPITRE III.

*Des devoirs des Confreres du saint
Rosaire.*

APrès avoir fait écrire leur
nom, & benir leur Chapelet
par le Directeur de la Confrerie , ils
reciteront chaque semaine le
Rosaire de quinze dizaines en un
ou plusieurs jours, à leur commodité, en l'honneur des quinze principaux Mysteres de la vie de notre
Sauveur & de sa sainte Mere.

2. La meilleure maniere de s'acquitter de ce premier devoir, est d'a-

pliquer ſon eſprit à chaque dizaine du Chapelet à la conſideration du Myſtere en l'honneur duquel on le recite. Cette ſainte occupation de l'âme à mediter la vie du Sauveur, eſt un excellent moyen pour attirer ſur nous le fruit de ſes merites, & pour allumer dans les cœurs ſon ſaint amour. Mais ſi d'abord on ne peut pas arrêter l'eſprit & la penſée continuelle ſur ce Myſtere, au moins doit-on en commençant chaque dizaine élever ſon cœut à Dieu, pour le lui offrir en memoire & en action de graces de ce que ſon Fils a fait ou ſouffert pour nous dans cette partie de ſa vie. Par cette pratique on accomplira ce que le Sauveur nous a recommandé, de nous ſouvenir ſouvent de lui & de ſes bienfaits, & on ne laiſſera pas de recüeillir le fruit du Myſtere.

3. Tous les premiers Dimanches des mois, aux jours que l'Egliſe

celebre quelque Myſtere du Roſaire , & aux principales Fêtes de la
Vierge , ils auront ſoin de ſe diſ-
poſer à la ſainte Communion par
une bonne confeſſion , & d'aſſiſter
ce jour-là aux Offices, ſinguliere-
ment à la proceſſion. Il ſeroit à
ſouhaiter que tous les Chrétiens
vécuſſent en telle ſorte, qu'ayant
donné le cours de la ſemaine aux
affaires de la vie preſente , ils s'occu-
paſſent uniquement chaque Dimanche à celle de leur ſalut , & que
pour cet effet après avoir expié les
fautes de la ſemaine par le Sacrement de la Penitence , ils fuſſent
dignes de nourrir leurs âmes de
celui de l'Euchariſtie. Ce Pain celeſte reçû ſouvent avec devotion ,
les fortifieroit merveilleuſement
parmy les tentations de la vie, dans
la crainte de Dieu , & l'on verroit
bien plus de pieté & de pureté dans
les mœurs. Le Concile de Trente

a souhaité même que les Fideles se missent en état de communier toutes les fois qu'ils assistent à la Messe. Mais c'est trop negliger son âme & son salut, de ne le pas faire au moins une fois le mois. Nous avons tant de soin d'entretenir & de nourrir tous les jours notre corps, qui mourra peut-être aujourd'huy, pourquoy laissons-nous languir & perir nôtre âme, à qui ce pain des Anges peut donner une vie divine & éternelle ? On exhorte donc tous les Confreres du Rosaire à s'acquitter de ce devoir ; car outre l'Indulgence pleniere, ils en rapporteront de très grands avantages pour leur sanctification.

4. Lorsque quelqu'un des Confreres se verra dangereusement malade, il aura soin de donner ordre que dans cette extremité on lui fasse donner l'absolution & l'Indulgence que les Papes ont accor-

dées aux Confreres du Rosaire à
l'article da la mort, & que le Pape
Clement IX. voulut recevoir lui-
même dans cette extremité, par le
Vicaire general de l'Ordre de saint
Dominique, comme premier Directeur de la Confrerie. Et lors qu'ils
se trouveront à ce passage si terrible, si Dieu leur donne quelque
liberté d'esprit, ils se ressouvien-
dront d'invoquer, d'un cœur contrit, les noms de JESUS & de
MARIE, & de prononcer, autant
que leurs forces le leur permet-
tront, ces saints noms, pour gagner l'Indulgence pleniere qui leur
est accordée à cette heure. C'est
aussi une pratique très-utile, non
seulement dans ce dernier combat,
mais encore dans les autres dan-
gers, dans les tentations, dans les
afflictions, même souvent pendant
le jour, & la nuit en s'éveillant,
d'élever son cœur à Dieu pour lui

offrir les prieres que lui font sans
cesse quelques -uns de nos Confreres répandus par tout le monde.
Nous meritons par-là que Dieu les
écoute en nôtre faveur, & par cette élevation nous lui faisons en un
moment une longue & agreable
priere par leur bouche.

Voilà, mon cher Lecteur, les
principaux devoirs des Confreres
du Rosaire, dans lesquels vous ne
voyez rien de difficile, & qui ne
soit très-solide, très-utile, & très-
conforme à la veritable pieté chrétienne. Le desir qu'on a de votre
bien & de votre salut, fait qu'on
vous exhorte à les embrasser & à
vous en acquitter fidelement. Vous
serez pourtant averti qu'aucun de
ces devoirs n'oblige de telle sorte,
qu'en l'omettant vous commettiez
un peché ; vous vous priverez seulement des avantages qu'il vous au-
roit procurez. Mais cette seule consideration

fideration vous doit être un puif-
fant motif de vous en acquitter.

---

# CHAPITRE IV.

## *Du Rosaire perpetuel.*

IL y a deux exercices de piéte
fort communs parmy les Confreres du Rosaire, lesquels ayant
rapport à cette Confrerie, on a
crû à propos d'en parler dans cette
Instruction, & d'en expliquer la
maniere & les avantages.

Le premier, est le Rosaire perpetuel. On lui a donné ce nom,
parce que c'est un moyen fort aisé
pour offrir à Dieu par le Rosaire
un sacrifice perpetuel d'oraison &
de louange. Et voici comment.

Chaque personne qui veut contribuer à cette sainte pratique,
prend une ou plusieurs heures de
l'année pour la passer en prieres.

C

& dire devotement le Rosaire tout entier ; de sorte que diverses personnes prenant des heures differentes , il se trouve que non seulement dans un Royaume ou une Province , mais même dans une grande Ville , toutes les heures dans l'année sont remplies par quelqu'un des Confreres , & qu'ainsi Dieu y est loué sans cesse par ceux de la Confrerie. Cet exercice est très - conforme au devoir & à l'inclination de la charité chrétienne ; car cette charité nous porte à aimer & à louer Dieu sans cesse , parce qu'étant notre unique bien , & un objet infiniment aimable , il doit lui-seul occuper tout notre cœur, & tous les momens de notre vie : mais cette attention continuelle à aimer & louer Dieu n'étant pas possible à un particulier pendant cette vie mortelle, dont les necessitez nous dérobent la meilleure partie de nos

soins & de notre temps , que peut
faire la charité des Confreres du
Rosaire pour suppléer à ce défaut ,
qu'unir plusieurs personnes pour en
former un corps commun , qui
louë sans cesse Dieu par quelqu'un
de ses membres ?

Ceux qui veulent embrasser cette
devotion doivent s'adresser au Banc
du Rosaire, où est exposée l'Image
de la Vierge aux premiers Dimanches des mois, & aux Fêtes principales de la Confrerie, ou bien les
autres jours à la Sacristie du Cou-
vent des Freres Prêcheurs, pour
y donner leurs noms, & prendre
leur heure dans le Billet qu'on y
distribuë. Il y en a qui prennent
plusieurs heures dans l'année ; d'autres choisissent les plus incommo-
des , comme sont celles de la nuit :
en cela chacun consultera sa devotion & sa commodité. C'est bien
fait de choisir le jour , & même

l'heure de fon Baptême fi on la fçait. C'eft dans cette heure fortunée que nous avons été faits les enfans de Dieu & les heritiers de fon Royaume : Il eft jufte que nous celebrions l'anniverfaire d'un fi grand bienfait, en confacrant tous les ans cette heure & ce jour à benir & à remercier Dieu de cette grace. Le jour de l'heure prife s'approchant, il eft bon de s'y difpofer par la Confeffion & la Communion, & de le paffer avec plus de recüeillement. Quoy - qu'on puiffe offrir à Dieu ce petit facrifice de louange dans tous les lieux, puis qu'il les remplit tous de la prefence de fa Majefté, l'Eglife & la Chapelle du Rofaire font les plus propres. Il y a même une Indulgence particuliere pour ceux qui recitent le Rofaire dans ces faints lieux. Si quelque affaire preffante furvient à l'heure prife , on peut

sans scrupule differer son Rosaire
à une autre heure : On peut même
le faire dire par quelqu'autre personne, si on ne peut satisfaire à ce
devoir par soy-même, & Dieu agré-
ra l'exactitude de l'un & la charité
de l'autre. On dit la même chose
du Rosaire ordinaire. Une femme,
par exemple, peut fort bien porter son mary à se faire recevoir au
Rosaire, nonobstant ses occupa-
tions, en se chargeant de le dire
pour luy, lors qu'il ne pourra pas
s'en acquitter. On peut même faire
écrire au Livre du Rosaire un amy
défunt, & reciter pour luy le Rosaire ; & un Confrere mourant
peut faire continuer son Rosaire &
son heure par quelque amy qui
reste après lui au monde. L'Eglise
a approuvé ces pieux Offices qu'on
rend à ses amis défunts, en leur
appliquant les mêmes Indulgences
qu'elle a concedées aux vivans. Le

C iij

fondement folide de tout cecy, eft que nous fommes tous les membres d'un même corps en Jefus-Chrift, & que la mort même n'en a pas feparé les Fideles decedez en grace. Ainfi comme les membres de notre corps s'entr'aident, & fe communiquent le bien qu'ils reçoivent du chef, nous pouvons de même nous communiquer mutuellemeut nos biens fpirituels, & travailler les uns pour les autres, furtout à l'égard de ceux qui nous font plus étroitement unis, comme nos parens, nos alliez & nos amis.

Ceux qui auront ce Livret, pourront faire écrire leur nom & leur heure dans ce Billet de cette forte.

Pour contribuer à la louange continuelle de Jefus & de Marie, par    moyen du Rofaire perpetuel établi dans le Convent des Freres, Prêcheurs de

dira le

Rosaire entier à heure
le

offrant à Dieu la 1. partie pour la
converfion des pecheurs ; la 2. partie pour les agonifans ; & la 3. pour
les âmes détenuës en Purgatoire.

Il eft bon de donner ordre qu'a-
près la mort le Billet foit rapporté,
pour faire remplir l'heure par quelqu'autre perfonne, & fe recom-
mander aux prieres des Confreres.

## CHAPITRE V.

### *De la devotion des quinze Samedis.*

CEtte devotion confifte en ce
qu'on prend quinze Samedis
de fuite pour y communier en
l'honneur des quinze Myfteres du
Rofaire, accompagnant ces com-
munions de quelques autres bonnes œuvres, & furtout d'une vie

plus reglée & plus chrétienne. Pour
fe difpofer à recevoir plus fouvent
ce Pain celefte, on a choifi le
jour du Samedy, parce qu'il eft
confacré plus particulierement à
la Vierge : mais ceux qui font trop
occupez pendant la femaine, pourront prendre le Dimanche. Les Prêtres pratiquant cette devotion, peuvent dire la Meffe du Myftere en
l'honneur duquel fe fait la Communion; & ceux qui ne le font pas,
peuvent la faire dire, ou offrir celle
qu'ils entendront à cette intention.
Le motif qu'on fe proprofe dans
cet exercice , doit être quelque
chofe de grande & d'important pour
la gloire de Dieu & pour notre
falut. Comme, par exemple, d'obtenir de Dieu par l'interceffion de
la fainte Vierge , & par les mé-
rites de fon Fils, dont on honore
plus particulierement les actions &
les fouffrances , la grace de bien

mourir ; le don d'une veritable conversion pour nous ou pour quelque
amy ; un bon choix de l'état que
nous devons prendre ; la force
d'executer quelque grande resolution ; le secours de Dieu dans quelque grande tentation ou tribulation. Que si on demande à Dieu par
cette devotion quelque bienfait temporel, comme d'être délivré d'u-
ne maladie, d'un procés, d'un pe-
ril qui nous menace, ou nos amis,
il ne faut demander ces choses
qu'autant qu'elles peuvent contribuer à notre salut & à la gloire de
Dieu, avec une profonde soûmission
à sa divine volonté. Souvent il nous
exauce d'une excellente maniere,
en nous refusant même les bienfaits
temporels que nous lui demandons,
parce que sa sagesse infinie voit
qu'il nous est plus salutaire de ne
les pas avoir. Une mere n'a jamais
plus d'égard aux larmes de son en-

enfant, que lorſqu'elle lui refuſe un coûteau qu'il demande en pleurant.

Mais lorſque Dieu ne nous accorde pas le bien temporel que nous lui demandons, il nous donne en échange quelque choſe de meilleur, parce qu'il eſt aſſuré que ce Pere plein de bonté ne mépriſe jamais les prieres que nous lui faiſons par ſon Fils, quoique la maniere dont il les exauce nous ſoit bien ſouvent inconnuë.

Cette devotion étant ſi recommandable par elle-même, elle s'eſt renduë encore plus celebre dans pluſieurs endroits du monde, par les graces très-ſignalées dont Dieu a favoriſé ceux qui l'ont pratiquée. En effet vous voyez aſſez, mon cher Lecteur, qu'elle n'a rien que de fort agreable à Dieu, & de trés-propre pour porter ſa bonté à nous accorder ce que nous voulons obtenir de lui par ce ſaint exerciçe. Car il ne renferme pas feulement ce qu'il y a de plus faint & de plus ef-ficace dans le Rofaire, à fçavoir le fouvenir refpectueux des actions & des fouffrances de Iefus-Chrift, la frequentation des Sacremens, & principalement la Communion faite en memoire de ce divin Sauveur, & de ce qu'il a fait pour notre re-demption; la perfeverance dans la priere & l'interceffion de la fainte Vierge : mais encore il ajoûte à toutes ces chofes une application particuliere à plaire à Dieu, & à fe fanctifier pendant l'efpace de quin-ze femaines. Or il eft certain que le foin que nous prenons de notre part, de faire ce que Dieu deman-de de nous, qui n'eft autre chofe que notre fanctification, c'eft un moyen infaillible pour obtenir de lui ce que nous lui demandons.

*Il fera*, dit le Prophete Roy, *la volonté de ceux qui craignent de lui*

*déplaire, il écoute leur priere, &*
*il les fauvera.*

Voilà, mon cher Lecteur, les principaux devoirs & les exercices de pieté les plus ordinaires de cette Confrerie. Mais fi vous aimez notre Seigneur de tout votre cœur, il vous en infpirera encore d'autres pour honorer ces adorables Myfteres de fa fainte vie. Vous en ferez le fujet le plus ordinaire de vos penfées & de vos meditations; & éprouvant de plus en plus qu'il n'y a rien de fi touchant & de fi propre à nous fanctifier, que le fouvenir & la confideration de ces très-faints Myfteres, vous en aimerez encore davantage la devotion du Rofaire.

Pour aider les commençans à cette forte de Meditations, on a crû à propos de leur en donner icy quelques petits modeles, qui feront la 2. Partie de cette Inftruction.

MEDI-

# MÉDITATIONS
## SUR
## LES MISTERES
## DU SAINT
## ROSAIRE.
### *PREMIERE PARTIE.*

---

## Premier Mistere Joyeux.
### *L' Annonciation.*

L'Ange Gabriël fut envoyé de Dieu en la Ville de Nazareth, à la Vierge Marie, pour lui annoncer qu'elle concevroit le Sauveur du monde, par l'operation du Saint Esprit. Sçachant donc que ce seroit en conservant toûjours sa virginité, elle y consentit, répondant

D

humblement : *Je suis la servante du Seigneur , qu'il me soit fait selon votre parole.* O très-profonde humilité du Fils & de la Mere ! Le Fils étant Dieu s'anéantit lui-même en prenant la forme de serviteur ; & la Vierge se voyant declarée Mere de Dieu, prend la qualité de servante. Souverain Roy d'humilité, donnez-moi cette grande vertu, le fondement de toutes les autres, par l'intercession de votre très-humble & digne Mere.

## Second Mistere joyeux.

### *La Visitation.*

LA Vierge ayant sçû de l'Ange Gabriël que sa cousine Elisabeth étoit enceinte, elle partit avec promptitude pour la visiter, & pour sanctifier l'enfant précurseur de son fils. O ardente charité ! aussi sitôt que J **e** s **u** s est conçu, il porte sa mere à aller à la Maison de Zacarie, pour donner la vie de la grace à saint Jean - Baptiste.

Sanctificateur des ames, embrasez tellement la mienne du feu de votre amour, par l'intercession de la très-sainte Vierge, qu'à l'avenir je ne sois plus negligent à correspondre aux saintes inspirations, & aux occasions de m'avancer dans la vertu, & d'y porter mon prochain.

### Troisiéme Mistere joyeux.

### *La Naissance de J* **e** *s* **u** *s.*

S Aint Joseph, pour obeïr au commandement de Cesar, conduit la sainte Vierge enceinte à la ville de Bethléem, où elle est contrainte de se retirer dans une étable ; & c'est là où elle accoucha de

Jᴇsᴜs, & où une crêche lui ſervit de berceau, parce qu'elle ne put trouver place pour lui dans aucun logis.

Je vous adore, ô ſouverain Roy du Ciel & de la Terre, & je vous rends de trés-humbles actions de graces, de ce que pour nous meriter une place dans le Ciel, vous avez bien voulu vous priver ſur la terre d'un ſecours qui ne manque preſque jamais aux hommes les plus miſerables, & de ce que pour nous combler des richeſſes immenſes de la grace, vous avez embraſſé pendant toute votre vie une ſi grande pauvreté : Faites, ô mon Dieu, que pour l'amour de vous je me prive volontairement des biens periſſables de ce monde, & que je ne cherche que les celeſtes & éternels.

## Quatriéme Mistere joyeux.

### *La Presentation de* Jesus *au Temple.*

Uarante jours après la Naiſ-
ſance de Jeſus, Nôtre-Dame
accompagnée de ſaint Joſeph, s'en
alla au Temple de Jeruſalem, pour
ſubir la loy de la Purification, &
pour y préſenter à Dieu ſon Fils
déja circoncis. Saint Simeon le re-
çut entre ſes bras, le ſerrant ſur ſa
poitrine ; échauffé de ce feu celeſte,
il ne fait plus d'état des choſes de
ce monde. O ! ſi je pouvois recevoir le même Sauveur avec un
cœur bien purifié & circoncis,
pour me préſenter avec lui à la
Majeſté divine comme un parfait
holocauſte. Ce ſera vous, très-pure
Vierge , qui m'obtiendrez cette
grace de votre Fils.

D iij

## Cinquiéme Mistere joyeux.

### JESUS *retrouvé dans le Temple.*

JESUS à l'âge de douze ans fut conduit au Temple de Jerusalem par ses Parens ; & lors qu'ils s'en retournerent, il y demeura sans qu'ils s'en apperçûssent. La sainte Vierge & saint Joseph l'ayant cherché pendant trois jours avec une extrême douleur, enfin ils le trouverent dans le Temple, disputant avec les Docteurs de la Loy, & leur enseignant la veritable intélligence des Écritures. Ensuite il retourna avec eux à Nazareth, & il leur obéïssoit avec une grande soûmission. C'est, ô souverain Dieu, pour m'apprendre l'humilité, & pour confondre mon orgüeil, qui me porte si souvent à refuser de soûmettre mon jugement & ma volonté à mes superieurs. Obtenez-moi de votre Fils, ô Mere très-obeïssante, une parfaite obeïssance, puisque c'est une vertu qui doit regler toutes les autres.

# SECONDE PARTIE
## DU
# S. ROSAIRE.

**Premier Mistere douloureux.**

*L'Oraison de* JESUS *au Jardin des Olives.*

JESUS sçachant que Judas étoit allé trouver les Juifs, pour negocier sa trahison, il s'en alla au Jardin des Olives pour y faire sa priere à Dieu son Pere, & se disposer à la mort. Consideres, mon

ame ; premierement , avec quelle
humilité il prie , les genoux & la
face contre terre ; en second lieu,
avec quelle ferveur , jusqu'à suer
le sang ; & enfin avec quelle perseverance , l'espace de trois heures,
& comment il prolongeoit son
oraison se sentant reduit à l'ago-
nie. Je vous supplie, mon Sauveur,
qu'à votre éxemple je m'adonne
plus souvent à l'oraison avec humilité , avec ferveur & avec perseverance , particulierement dans
les temps de la tentation & de la
tribulation.

---

## Second Mistere douloureux.

### *La Flagellation de* J e s u s.

J E s u s après son oraison étant
parfaitement resigné à tous les
tourmens & à toutes les ignominies de sa passion, s'en va au-de-

vant de ſes ennemis. Judas, l'un
des douze, menoit la bande, & lui
donnant un baiſer, il le trahit &
le met entre les mains des ſoldats,
qui le conduiſent lié & garoté devant Anne & Caïphe, & enſuite
dès le grand matin ils le preſentent
à Pilate en qualité de criminel. Là
il eſt condamné à être depouillé &
attaché à une colonne, pour y être
cruellement fouetté. O patience admirable du Roy des Anges & des
hommes, traité ſi inhumainement
par les hommes & pour les hommes ! Ce ſont mes pechez, ô mon
Sauveur, qui ont fourny à ces
cruels bourreaux les verges & les
fouets. Je vous en demande pardon, avec reſolution d'abhorrer
dorénavant les plaiſirs ſenſuels, &
d'embraſſer la mortification.

## Troisiéme Mistere douloureux.

### *Le Couronnement de* JESUS.

TOut le corps de JESUS étoit cruellement déchiré par les coups de fouets, excepté la tête, que ces bourreaux reservoient à une couronne d'épines très-poignantes, lesquelles faisoient découler le sang sur sa divine face, renduë semblable à celle d'un lépreux par le mélange de ce précieux sang avec leurs vilains crachats. O le plus beau de tous les enfans des hommes, que les saints Anges desirent de contempler sans cesse ! je vous supplie par la vertu de votre précieux Sang, qu'il vous plaise d'effacer de mon ame la lepre du peché, & que je fuye desormais toute sorte de vanité, n'étant pas bien séant qu'un membre soit traité

délicatement sous un Chef couronné d'épines.

---

## Quatriéme Mistere douloureux.

### *Le portement de Croix de* JESUS:

ENfin par l'envie & par la ma-
lice des Juifs, par l'imposture
des faux témoins, & par la lâcheté
de Pilate qui craignoit de déplaire à
Cesar, Jesus est condamné à mourir sur la Croix, & on la lui char-
ge sur ses épaules, affoiblies par
les tourmens précedens. Il fait un
effort pour la porter : Mais n'en
pouvant plus, on est obligé de lui
joindre Simon Cirenéen pour lui
aider, de peur qu'il ne demeurât
en chemin. Vous portiez alors, ô
mon divin Sauveur, tous les pechez du monde sur votre dos, &
particulierement les miens, qui sont
si griefs & en si grand nombre,

pour les aller tous noyer dans la mer rouge de votre Sang immaculé. Fortifiez-moi, s'il vous plaît, par votre divine grace, pour aimer la Croix, & pour supporter de bon cœur, à votre éxemple, toutes sortes de peines & d'ignominies pendant cette vie, puisque j'ai mérité si souvent les éternelles.

---

## Cinquiéme Mistere douloureux.

### *Le Crucifiement de* JESUS.

APrès que JESUS eut porté sa Croix, elle le porta à son tour sur la montagne du Calvaire. Les soldats inhumains l'y attacherent, perçant ses pieds & ses mains avec de gros cloux, qui lui causerent une douleur inconcevable. Je vous adore, ô Sauveur du monde, ainsi élevé de la terre pour attirer tout à vous. Attirez-moi puissamment

ment à vous connoître, à vous aimer & à vous imiter avec perseverance; & faites que je regle toute ma vie fur un exemplaire qui m'a été montré fur le Calvaire. Enfin puifque vous êtes mort pour moi, ô amour de mon cœur, que je ne vive deformais que pour vous. Ainfi foit-il.

# TROISIÉME PARTIE
## DU
# SAINT ROSAIRE.

### Premier Miftere glorieux.

#### *La Refurrection de* JESUS.

JESUS trois jours aprés fa mort ignominieufe, reffufcita par fa propre vertu, à une vie immortelle & glorieufe. Il faut mourir pour ressusciter : & jamais nous ne parviendrons à cette resurrection spirituelle & divine, à laquelle nous sommes destinez, si nous ne mourons auparavant au monde & à nous-mêmes. Ce sera par votre intercession, ô glorieuse Vierge, que nous obtiendrons de votre Fils adorable cette foi ferme & vive, qui donne la vie veritable, par laquelle nous pourrons nous élever au-dessus de la chair & des sens, capables de donner la mort à notre ame.

---

## Second Mistere glorieux.

### *L'Ascension de* JESUS *au Ciel.*

JESUS quarante jours après sa Resurrection, ayant donné à ses Disciples les instructions necessaires pour eux & pour son Eglise, monta triomphant au Ciel pour s'asseoir à la droite de son Pere , accompagné des ames justes qu'il avoit ti-rées des Limbes.

Attirez-moi après vous , ô divin Amant , par la vertu d'une très-ferme esperance , qui attache tellement mon cœur au Ciel , où est tout mon bien & tout mon trésor , que je ne fasse plus d'état des choses de la terre , à l'imitation & par l'intercession de votre bienheureuse Mere , dont le cœur chaste & innocent n'a jamais été separé du votre.

---

### Troisiéme Mistere glorieux.

*La Mission du S. Esprit.*

JEsus dix jours après son Ascension au Ciel, envoya son Saint Esprit en forme de langues de feu, sur ses Disciples , qui étoient unis ensemble , & qui perseveroient

dans la priere & dans la frequentation des Sacremens, en la compa-
gnie de la très-sainte Vierge, de
Marie - Madelaine, & des autres
premiers Chrétiens. Uniſſez nos
cœurs, ô Eſprit d'amour, pour y
préparer vous-même vôtre demeu-
re. Et vous, ô Mere de la sainte
dilection, qui attirâtes ſur vous ce
divin Eſprit, pour former le Corps
naturel de Jeſus-Chriſt au moment
de ſon incarnation ! attirez-le encore ſur nous, pour reformer, par
une parfaite charité, le Corps myſ-
tique de votre même Fils, ſin-
gulierement mon ame, qui eſt ſi
languiſſante dans l'amour de Dieu
& du prochain.

## Quatriéme Miſtere glorieux.

*L'Aſſomption de la sainte Vierge.*

LA glorieuſe Vierge étant la
plus sainte de toutes les crea-

tures, n'ayant jamais été souillée de
peché , & son corps ayant toûjours
été parfaitement soûmis à son efprit, comme son ame l'étoit à Dieu,
il étoit juste qu'elle fût recompen-
sée plus magnifiquement que le
reste des creatures. C'est pour cela
qu'ayant souhaité depuis long-
temps d'être dans le Ciel avec son
Fils , & étant enfin morte plûtôt
par la violence de son amour, que
par la force de la mort, après que
son corps eut demeuré quelque
temps au sepulcre sans corruption
comme celui de son Fils, elle re-
suscita, & fut portée au Ciel en
corps & en ame.

Vierge sainte , qui êtes mainte-
nant dans le Ciel avec vôtre Fils ,
n'oubliez pas, s'il vous plaît, vos
enfans qui combattent encore sur
la terre. Obtenez-nous de sa misericorde les graces qui nous sont
necessaires pour vivre saintement,

afin que nous puissions, après notre mort, vivre éternellement avec vous. Ainsi soit-il.

---

## Cinquiéme Mistere glorieux.

### *Le Couronnement de la Mere de* JESUS.

LEs couronnes que Jesus-Christ préparoit à la très-sainte Vierge sa digne Mere, doivent être proportionées aux sublimes vertus qu'elle avoit pratiquées sur la terre. Elle meritoit celle des Docteurs, pour avoir instruit & enseigné l'Eglise en la personne des Apôtres & des Disciples ; celle des Martyrs lui étoit dûë, elle avoit souffert le contre-coup de la Passion & de la mort cruelle de son divin Fils : & celles des Vierges les plus pures l'attendoient, puisque ce fut à la seule condition de sa virginité pré-

servée & conservée, qu'elle consentit de devenir Mere de Dieu.
Enfin elle devoit triompher dans le
Ciel, parce qu'elle avoit vaincu,
d'une maniere heroïque, le monde,
le diable & la chair. O Reine de
misericorde, Fille du Pere, Mere
du Fils, & Epouse du Saint Esprit,
puisque les miseres sont l'objet de
la misericorde, jettez les yeux sur
les nôtres. Délivrez nous par la
puissance du Pere, de nos foibles-
ses & de nos inconstances : par la
sagesse du Fils, de nos ignorances
& de nos indiscretions : Enfin par
la bonté du Saint-Esprit, de nos
tiedeurs & de nos ingratitudes, afin
qu'étant parfaitement victorieux des
ennemis de notre salut, nous ren-
dions sans cesse avec vous dans l'é-
ternité, gloire, honneur & louange
à Dieu le Pere, par votre Fils, en
l'unité du Saint Esprit. Ainsi soit-
il.

℣. Ora pro nobis, sancta Dei genitrix.

℟. Ut digni efficiamur promis-sionibus Christi.

### OREMUS.

GRatiam tuam, quæsumus Domine, mentibus nostris infunde; ut qui, Angelo nuntiante, Christi Filii tui Incarnationem cognovimus, per Passionem ejus & Crucem ad Resurrectionis gloriam perducamur. Per eumdem Christum Dominum nostrum. Amen.

# INSTRUCTION

## POUR

## LA CONFESSION

### ET LA

## COMMUNION.

LA frequentation des Sacremens de la Penitence & de l'Eucharistie faisant un des principaux devoirs des Confreres du Rosaire, on a crû qu'il ne suffisoit pas de les y avoir exhortez, mais qu'il falloit encore leur dire en peu de mots la maniere d'en approcher dignement. Et parce que la bonne vie est le fruit de ces deux Sacremens, on ajoûtera à cette Instruction des avis utiles à ceux qui, après s'être convertis à Dieu

veulent à l'avenir lui plaire par
une vie plus pure & plus chrétienne.
On ſcait aſſez le grand nombre de
Livres qui traitent cette matiere :
mais elle eſt ſi importante, qu'on ne
ſçauroit la mettre trop ſouvent devant les yeux des hommes, & pluſieurs s'en inſtruiront dans ce petit
Ouvrage, qui peut-être n'auroien
pas eû l'occaſion ou la commodité
de lire les autres Livres.

## LA MANIERE DE SE
### bien confeſſer.

CHoiſiſſez un temps & un lieu
propre à la retraite, comme
votre cabinet ou un coin de l'E-
gliſe; & là oubliant ce monde pour
vous donner tout à votre ſalut,
proſterné devant Dieu, demandez-
lui par ſon Fils & par l'interceſ-
ſion de la ſainte Vierge, la grace

de connoître vos fautes , & de vous convertir veritablement à lui. Pour vous exciter à vous y dispo-ser, souvenez - vous que la mort est proche , que l'heure presse , que peut-être cette nuit Dieu vous demandera vôtre ame pour la juger , qu'il est temps de mettre ordre à votre éternité. Helas ! que vous servira -t - il d'avoir joui pendant quelques jours des biens passagers de la vie presente , si la mort vous enlevant dans les crimes , vous êtes condamné à brûler dans l'Enfer pour une éternité ? Dieu , qui ne veut pas vous perdre , vous donne le temps & les moyens d'éviter ce malheur, il vous y exhorte. Ecoutez aujourd'huy sa voix , & commencez l'affaire si importante de votre conversion , par l'examen de votre vie.

VOſtre derniere Confeſſion
fut - elle bonne ? En avez-
vous profité , & des avis du Confeſſeur ? Depuis ce temps-là avez-
vous fait des fruits dignes de pénitence ? Comment avez - vous
gardé les dix Commandemens de
Dieu ?

1. Avez-vous aimé Dieu plus
que toutes choſes ? Quel ſoin avez-
vous eû de lui plaire ? Ne l'avez-
vous point ſervi pour avoir de lui
des biens temporels , plûtôt que
pour lui - même ? Avez-vous mur-
muré lors qu'il ne vous en a pas
donné autant que vous vouliez
ou bien lors qu'il vous a éprouvé
par quelque affliction ? L'avez-
vous prié ſoir & matin , remercié
de ſes bienfaits , invoqué dans vos
beſoins avec confiance & avec
ſoûmiſſion à ſa volonté ? N'avez-

vous

vous point abusé de sa patience en devenant pire, parce qu'il vous supporte avec tant de bonté ? Avez-vous été ferme dans la foy ? Ne vous est-il rien échapé qui ressente l'impieté, le libertinage, ou la raillerie contre la Religion ? Estes-vous bien instruit sur la Doctrine Chrétienne ? Vous êtes-vous arrêté aux songes, à des superstitions, à des sortileges ?

2. Avez-vous pris le nom de Dieu en vain pour des choses fausses ou legeres ? Avez-vous juré de faire du mal ? Avez-vous mêlé dans vos discours, dans vos menaces, dans vos promesses, dans votre colere, des imprécations contre vous, contre votre prochain, contre d'autres creatures ? N'avez-vous point profané les membres adorables du Sauveur, jurant par son sang, par sa tête ? Avez-vous gardé vos vœux ?

F

3. Comment avez-vous fanctifié les Fêtes ordonnées pour louer Dieu, & pour pleurer vos pechez? Avez quel refpect avez-vous affifté au Service divin ? Y avez-vous parlé, ri, médit, été volontairement diftrait, ou fcandalifé le prochain ? Comment avez-vous fanctifié ces faints jours ? Ne les avez-vous point employez au travail, au jeu, à la débauche, ou aux plaifirs du monde ?

4 Avez-vous honoré vos parens, vos fuperieurs, les perfonnes Ecclefiaftiques, qui font vos peres fpirituels ? Leur avez-vous obéï? Avec quel foin élevez-vous vos enfans ? Avec quelle charité gouvernez-vous vos inferieurs ? N'en ufez-vous pas envers eux avec dureté, fans vous fouvenir que Dieu vous traitera comme vous les aurez traitez ? Si vous êtes mariez, comment vivez-vous enfemble?

Vous aimez-vous ? vous honorez-
vous ? Repreſentez-vous cette union
de Jeſus-Chriſt & de ſon Egliſe,
dont votre mariage doit être l'i-
mage & la figure ?

5. Avez-vous ſouhaité ou pro-
curé la mort de votre prochain ?
L'avez-vous frapé, outragé, haï,
menacé, offenſé, induit au peché,
qui eſt la mort de l'ame ? Vous êtes-
vous vangé ? Pardonnez-vous à
vos ennemis ? les aimez-vous?
Avez-vous ſemé des diviſions, cauſé
des querelles ?

6. Quel ſoin avez-vous eû de
la pureté de votre cœur & de votre corps, qui eſt le temple du
S. Eſprit ? L'avez-vous flétrie par
des penſées & des deſirs impurs,
par des diſcours & des chanſons,
des lectures, des regards, des at-
touchemens, des converſations laſ-
cives, ou par des actions encore
plus criminelles ? Avez-vous aimé

ou defiré d'être aimé d'un amour
peu chafte ? Vous êtes-vous expofé
à l'occafion , ou vous-même avez
vous été occafion aux autres d'of-
fenfer Dieu , en vous parant , en
vous fardant , en vous découvrant
immodeftement ?

7. Avez-vous pris , ou retenez-
vous du bien d'autruy ? Payez-vous
vos dettes ? Avez-vous trompé en
vendant , en achetant , en jouant ?
Avez-vous été fidele à vos maîtres ?
Le bien que Dieu vous a mis entre
les mains pour élever votre famille ,
pour fecourir votre prochain , l'a-
vez-vous diffipé au jeu , à la bonne
chere , à la vanité , à nourrir des
chiens & des chevaux , à la débauche ? Plaidez-vous injuftement ?

8. Avez-vous menti ? Avez-vous
fait ou fait faire des fauffetez ? Avez-
vous contribué à des médifances ?
Avez-vous jugé temerairement ,
inventé des calomnies , mal tourné

les actions & les intentions des antres ?

9. Si Dieu vous a mis dans l'état de mariage, êtes-vous fidele & de cœur & de corps à votre partie ? Avez-vous souhaité de corrompre la fidelité de quelque personne mariée ?

10. Avez-vous desiré le bien d'autruy, & d'attirer à vous ce qui lui appartenoit ?

Examinez-vous ensuite sur les Commandemens de l'Eglise. Si vous avez manqué à la Messe un jour de Fête : si vous avez negligé ou mal fait la Confession & la Communion annuelle, ou quelqu'autre Confession & Communion : si vous avez gardé les jeûnes, & l'abstinence.

Voyez enfin les sept pechez capitaux.

1. L'Orgüeil. N'y a-t-il point eû dans votre vie de l'ambition,

desirant des honneurs au-dessus de
votre état : De la vaine gloire, ti-
rant vanité de vos richesses, de votre beauté, de votre science, de
votre vertu, & peut-être, ce qui
est pis, de vos pechez même : De
la présomption, vous croyant quelque chose de grand & de méritant,
vous confiant en vous-même, mé-
prisant les autres, les traitant en
valets : De l'hypocrisie, affectant
un exterieur saint, pour couvrir
votre cœur corrompu ; Enfin cette
humilité de cœur que le Fils de
Dieu vous recommande tant, re-
luit-telle dans vos actions ?

2. L'Avarice. Mettez-vous votre cœur & votre tréfor dans les
biens de la terre plûtôt qu'en Dieu?
Amaffez-vous de l'argent avec trop
d'ardeur, jufqu'à négliger votre
falut & par des voyes injuftes ?
Donnez-vous le neceffaire à vos
domeftiques, & le fuperflu aux

pauvres ; ou plûtôt dépenſez-vous
plus que vous n'avez , en train &
en vanité , ſans rien reſerver pour
les pauvres & pour les œuvres de
pieté ?

3. La Luxure. Abandonnez-vous
votre cœur aux plaiſirs de la vie , à
la moleſſe, à la ſenſualité , oubliant
la Croix de Jeſus-Chriſt , hors laquelle il n'y a point de ſalut ? N'y
a-t-il eû rien de laſcif dans vos ha-
bits , dans vos geſtes , dans vos en-
tretiens ? Avez-vous frequenté des
aſſemblées dangereuſes , le Bal, la
Danſe , la Comedie ?

4. La Colere. Vous êtes - vous
emporté en corrigeant vos inferieurs , contre vos égaux , contre
vous - même , vous ſouhaitant la
mort ? Avez-vous été querelleur ,
outrageux , impatient ?

5. La Gourmandiſe. Avez-vous
excedé dans le boire & dans le
manger , dans la délicateſſe des

viandes, dans la dépenſe de la
bouche, conſumant vous - ſeul ce
qui ſuffiroit à pluſieurs, au lieu d'u-
ſer ſobrement des biens que Dieu
vous donne, & de faire part du
reſte aux pauvres ?

6. L'Envie. Avez-vous vû avec
plaiſir le malheur de votre prochain, & ſa proſperité avec douleur ? Avez-vous cherché de le
ruïner pour vous établir, ou pour
empêcher qu'il ne fût mieux que
vous dans les affaires & dans les
honneurs ?

7.    La Pareſſe. Perdez - vous le
temps que Dieu vous donne pour le
ſervir & pour faire penitence, à
vous ajuſter, à vous mirer, à dor-
mir, à une vie oiſive & inutile ?
Que faites-vous pour Dieu & pour
votre ſalut ; Vous occupez - vous
de quelque travail honnête ? Vous
laiſſez-vous abattre à la triſteſſe &
à la moindre difficulté ?

Enfin vous acquittez - vous des devoirs de votre état ? N'êtes-vous pas coupable des fautes des autres, pour y contribuer, ou pour n'y pas remedier ? Avez-vous de la douceur pour votre prochain, de la severité pour vous-même, du zele pour le service de Dieu ?

Si dans cet éxamen vous ne découvrez pas en vous de grands pechez, ne laiſſez pas de craindre les pechez secrets ; de vous en humilier, & de vous en accuser devant Dieu. Mais ſi vous remarquez un ou pluſieurs pechez mortels, hâtez-vous de sortir de ce malheureux état par les trois démarches d'une solide pénitence, qui sont, la Contrition, la Confeſſion & la Satisfaction. Voici la maniere de les bien faire.

## De la Contrition.

LA Contrition a deux parties ; la douleur d'avoir peché, & la resolution de ne plus pecher. Il n'est pas necessaire que cette douleur se sente dans la partie inferieure de l'ame. On peut être bien contrit sans cette affliction si sensible ; il suffit que la douleur soit dans la volonté. Elle y est lorsque l'homme, reconnoissant le grand mal qu'il y a d'offenser la bonté & la majesté infinie de Dieu, voudroit bien ne l'avoir pas fait : Mais n'étant plus possible que la faute passée ne soit pas commise, il s'efforce de la détruire du mieux qu'il lui est possible, en la detestant, en s'en affligeant, en s'en punissant lui-même comme un criminel, par les peines de la penitence, pour reparer l'honneur de Dieu qu'il a blessé, avec un ferme propos de plûtôt mourir que de retomber dans le peché. Voila ce que c'eſt que la contrition ; & voici trois motifs pour exciter en vous cette ſainte douleur.

1. Conſiderez la grandeur & le nombre de vos fautes ; l'abîme de malheurs & de ſupplices dans lequel elles vous ont engagé ; votre folie de vous y être précipité ſi legerement ; ce que vous avez perdu en péchant, la grace, l'innocence, le Royaume du Ciel, Dieu même, & ſon amitié, qui eſt la plus effroyable de toutes les pertes. Car ſi on pouvoit ſouffrir toutes les autres peines de l'Enfer, en conſervant l'amitié de Dieu, ce ſeroit un mal infiniment moindre, que de perdre cette amitié par un peché mortel, ſans encourir aucune autre peine. Bien plus ; ce qui fait la peine la plus eſſentielle de la damnation, n'eſt autre choſe qu'une douleur inconce-

vable que ressent l'ame damnée de se voir haïe de Dieu & chassée pour toûjours de sa divine face. De sorte que vous voila déja frapé de ce qu'il y a de plus terrible dans l'Enfer, & le seul avantage qui vous reste par-dessus les malheureux qui y sont, est que vous pouvez encore sortir de cet état, par le regret d'y être tombé.

2. Après la vûë des maux que vous a causé le peché, élevez les yeux en haut, & voyez la gloire de Dieu ; cette Majesté qui merite tant de respect, cette bonté infinie si digne d'être aimée, cette beauté admirable qui ravit le cœur de ceux qui la voyent. Or si un rayon de cet abîme de lumiere vous éclairoit pour voir ce que c'est que ce grand Dieu, principe de toutes choses, devant qui tout le reste n'est rien, & combien vous lui êtes redevable; que vous comprendriez bien

par

par cette vûë le grand tort que vous avez eû de l'offenser. Mais attendant le jour heureux auquel il se fera mieux connoître à votre esprit, & sentir à votre cœur, la foi & la raison vous en disent assez pour vous faire comprendre votre aveuglement, d'avoir préferé un interêt de néant, ou un plaisir passager à ce bien infini : Votre perfidie d'avoir été infidele à un si bon Seigneur : Votre ingratitude d'avoir rendu le mal à celui qui ne vous a jamais fait que du bien.

3. Abaissez ensuite vos yeux sur votre Redempteur, & voyez avec quelle indignité vous avez traité le meilleur ami qui fut jamais au monde. C'est vous qui lui avez causé par vos pechez une douleur nouvelle dans le jardin des Olives ; c'est vous qui l'avez trahi comme Judas, & peut-être pour bien moins de choses que ce perfide ;

G

c'est vous qui l'avez déchiré de coups, couronné d'épines, couvert de crachats, accablé d'une pesante croix; c'est vous enfin qui l'avez fait cruellement mourir; car les Juges & les bourreaux n'auroient eû aucun pouvoir sur lui, si vos pechez n'eussent obligé la justice du Pere éternel à le leur abandonner. Vous avez été même plus dur que ces barbares, puisque le voyant expirer, touchez du regret de l'avoir fait mourir, ils s'en retournerent convertis, & frapant leur poitrine. Mais vous, tout coupable que vous êtes de son sang & de sa mort, quelle penitence en avezvous faite ?

Par ces trois motifs vous exciterez en vous la haine du peché, la douleur de l'avoir commis, une sainte horreur de vous - même, comme auteur d'un si grand desordre : Enfin la resolution de ne plus

pecher & de faire penitence. Dans
cette disposition jettez - vous aux
pieds de la misericorde de Dieu, &
frapant votre poitrine, plongé dans
une mer de douleur, dites-lui avec
toute la ferveur qu'il vous sera possible.

*Oraison pour demander à Dieu*
*le pardon des pechez.*

DU profond abîme où mes pechez m'ont plongé, je crie à
vous, mon Dieu : O mon Dieu, ne
rejettez pas ma priere & mes larmes. Si vous éxaminez la grandeur
& le nombre de mes crimes, helas ! que deviendrai - je ? Mais, ô
mon unique esperance, votre misericorde est plus grande que mes
pechez, & c'est vous qui me com-
mandez d'avoir confiance, & qui
tendez les bras pour me recevoir.
Cet excés de votre bonté augmen-
te ma confusion & ma douleur. Je

confesse que j'ai tres - mal fait
de vous avoir offensé : j'en suis
marri de tout mon cœur, & je
vous en demande très-humblement
pardon. Accordez - le - moi, mon
Dieu, pour l'amour de votre Fils
unique, avec la grace d'executer
fidelement la promesse que je fais
aujourd'huy, d'employer tout le
reste de ma vie à vous servir &
à faire penitence. Que je meûre
mille fois, Seigneur, plûtôt que
de vous offenser ; & que je ne vive
desormais, que pour pleurer mes
pechez, & pour vous offrir sans
cesse le sacrifice d'un cœur contrit
& humilié. Donnez-le-moi, mon
Dieu, par les merites de votre Fils
bien aimé, & par l'intercession de
sa très-sainte Mere & de tous les
Saints. Ainsi soit-il.

### *De la Confession.*

APrès cette Priere, disposez-
vous à la Confession. Les avis

suivans vous aideront à la bien faire.

1. Demandez à Dieu un bon Confesseur, faites faire des prieres à cette intention, comme pour une chose qui vous est de très-grande consequence dans l'affaire de votre salut, & prenez soin de votre part de le chercher. Mais après cette diligence, considerez celui à qui vous irez, comme Jesus-Christ même : & vous figurant de parler à ce divin Sauveur, attaché à la Croix pour votre salut, après lui avoir demandé humblement sa benediction, accusez-vous à lui de toutes vos fautes avez le plus d'humilité & de sincerité qu'il vous sera possible.

2. Marquez distinctement la qualité & le nombre des pechez que vous croirez être mortels. Comme par exemple : *J'ai juré le nom de Dieu en faux dix fois : j'ai négligé trois fois la Messe d'obliga-*

*tion*, *&c.* Que si vous ne sçavez pas le nombre précisement, il suffit de le dire à peu près. Mais surtout gardez-vous de celer à escient aucun peché mortel ; car vous ne feriez pas une bonne Confession, mais un horrible sacrilege.

3. Si le peché mortel est accompagné de quelque circonstance qui le rende encore plus contraire à la loi de Dieu, il est necessaire de le declarer. Par éxemple, il est défendu de dérober : Mais il est encore plus défendu de dérober dans l'Eglise ; il ne suffit donc pas de dire, *J'ai dérobé* : mais il faut encore ajoûter, *dans l'Eglise.* De même l'impureté est défenduë par la loi de Dieu : mais elle l'est encore davantage entre les parens. Il faut donc marquer le degré de parenté. Enfin le peché est toûjours un grand mal : mais il est encore plus grand lorsqu'on le commet avec scandale.

Il faut donc s'accuſer non-ſeulement du peché, mais encore du ſcandale.

4. Il y a de certains pechez qui ont pluſieurs degrez : comme dans une mauvaiſe penſée, le premier degré eſt la negligence de la rejetter ; le ſecond, de s'y plaire ; le troiſiéme, de la nourrir & de l'entretenir de propos deliberé ; le quatriéme, d'en deſirer l'éxecution. Il faut declarer juſqu'à quel degré on eſt venu. On doit dire auſſi ſi on eſt dans une occaſion prochaine, ou dans l'habitude du peché, & depuis quel temps.

5. Mais en declarant éxactement ces choſes, on doit en même temps prendre garde à retrancher toutes les particularitez inutiles, ſur tout celles qui peuvent intereſſer la reputation du prochain. Que ſi on ne peut pas garder cette éxactitude, il faut faire entendre au Confeſſeur l'état de ſon ame le mieux qu'on

peut. Car c'est un bien moindre
mal de dire quelque chose de su-
perflu, que de taire ce qui est necessaire à l'integrité de la Confession.

6. Après avoir vuidé votre cœur
de tout son venin, terminez la Confession, en vous accusant encore
des pechez qui ont échapé, ou à votre connoissance, ou à votre memoire, & generalement de tout ce
en quoi vous avez déplû à la divine Majesté. Renouvellez ensuite
l'acte de contrition, & la resolution
de mieux vivre. Et après avoir reçû les avis, la penitence & l'absolution du Prêtre, retirez-vous en
paix, dans le dessein d'aller travailler efficacement à votre conversion, & de revenir au plûtôt rendre compte au Confesseur de ce que
vous aurez fait. Si vous en usez de
la sorte pendant quelque temps,
vous aurez de la joye de vous voir

bientôt changé , & victorieux de vos mauvaiſes habitudes.

### *De la Satisfaction.*

LA Contrition n'eſt pas veritable, ſi elle n'inſpire un grand deſir de ſatisfaire à la Majeſté divine pour les offenſes commiſes ; & ce deſir n'eſt point ſincere , s'il ne produit des effets. S. Gregoire dit que les paroles de la Confeſſion ne ſont que des feüilles , qui n'empêcheront pas que Dieu ne maudiſſe l'arbre de notre cœur , s'il n'y trouve des fruits dignes de penitence. S. Cyprien dit bien plus , que ne pas ſatisfaire pour ſes pechez eſt une faute plus dangereuſe que le peché même. Si vous vouliez donc aſſurer votre ſalut , & vous reconcilier parfaitement avec Dieu , reſolvez-vous de ſatisfaire à ſa juſtice par une vie veritablement penitente. Pour vous fortifier dans cette ſainte reſolution ,

confiderez qu'ayant peché, il faut
en être châtié, ou en ce monde, ou
en l'autre. Que fi vous differez à
l'autre vie, la peine fera infiniment plus rigoureufe, & neanmoins de nul merite devant Dieu.
Au contraire faifant penitence en
cette vie, vous travaillerez peu,
& vous gagnerez beaucoup : Vous
n'expierez pas feulement les pechez
commis, mais vous vous fortifie-
rez encore contre les rechûtes ; vous
rendrez votre ame plus brillante
que le Soleil ; vous honorerez
Dieu, vous réjouïrez les Anges,
vous édifierez l'Eglife, vous recou-
vrerez la paix de la bonne con-
fcience : Enfin vous amafferez un
tréfor de graces, de vertus & de
merites.

Et ne dites pas que la vie penitente a bien tous ces avantages,
mais qu'elle eft trop amere pour
vous refoudre à l'embraffer. No-

tre Seigneur vous dit au contraire, que c'eſt dans les larmes de la penitence que l'on trouve le veritable bonheur, & le contentement ſolide, *Beati qui lugent.* Dieu eſt la joye des penitens, & il répand ſur eux ſa paix & ſa conſolation, à meſure qu'ils s'affligent pour l'honnoret. Ne vous excuſez pas non plus ſur les engagemens de votre état. La penitence eſt propre à toutes les conditions. Je vais vous en donner des éxercices, que vous pourrez pratiquer en quelque état que Dieu vous ait mis.

1. Recevez humblement la penitence du Confeſſeur, priez-le de ne vous pas épargner, faites éxactement ce qu'il vous aura preſcrit. Mais reconnoiſſant que c'eſt peu pour tant de fautes, & qu'un ſeul peché mortel, ſuivant les regles de l'Egliſe, meriteroit une rude penitence pendant pluſieurs an-

nées : condamnez-vous à une fatisfaction plus longue & plus entiere.

2. Dans cet esprit offrez - vous
à Dieu, & considerez-vous tous
les jours de votre vie comme fa
victime. Priez-le de vous facrifier
lui-même par toutes les afflictions
qu'il lui plaira vous envoyer. Pour
contribuer de votre part à cet excellent facrifice, mortifiez vos
paffions, crucifiez votre chair &
fes defirs. Si votre état & votre
foiblefle ne vous permettent pas
de le faire par de grandes aufteri-
tez, faites-le par celles que vous
pourrez pratiquer. Tenez votre
corps dans une continuelle mo-
deftie, vos fens recüeillis, vos ap-
petits foûmis à la raifon, votre
efprit attentif à fon devoir. Par-
lez peu, travaillez beaucoup, fuyez
la vaine joye, la delicatefle, la vanité, la pompe du fiécle, les di-
vertifle-

vertiſſemens peu neceſſaires. Pen-
ſez ſouvent à la mort, acceptez-la
dès à preſent en penitence, deſirez-
la comme la conſommation de votre ſacrifice.

3. Reputez-vous devant Dieu
indigne de toutes ſortes de biens.
Ne vous plaignez jamais d'en avoir
peu. Croyez au contraire que vous
en avez infiniment au-delà de votre merite. Remerciez Dieu des
moindres bienfaits, eſtimez-les tous
grands par rapport à votre indignité. S'il vous donne l'abondance, uſez-en ſobrement comme un
ſerviteur inutile des biens de ſon
maître. Tenez votre rang au de-
hors : mais dans votre cœur humiliez-vous au-deſſous de tout le
monde.

4. Pour vous punir d'avoir préferé votre ſatisfaction à la loi de
Dieu, imitez ce que ſaint Paul dit
de Jeſus-Chriſt, qu'il n'a jamais

H

cherché à se satisfaire lui - même ;
& lorsque vous serez obligé à quelque chose d'agreable à vos sens,
renoncez à ce plaisir , protestant à
Dieu que vous ne le prenez que
parce qu'il le veut. Ainsi vous use-
rez du monde , comme n'en usant
point.

3. Priez souvent, jeûnez quelquefois , aimez les pauvres, & faites-
leur tout le bien que vous pourrez.
Entendant la Messe , offrez-la à
Dieu pour vos pechez. Visitez les
Eglises , passez-y quelque temps en
la presence de Dieu : imitez-y ce
Publicain , lequel se tenant bien
loin de l'Autel par respect , n'osant
pas même lever les yeux , & frapant sa poitrine, appaisa Dieu par
cette courte priere : *Mon Dieu ,
ayez pitié de moi , qui suis un
grand pecheur.*

Les devoirs de la Confrerie du
Rosaire sont encore des moyens

très-propres pour satisfaire à Dieu, particulierement le souvenir de la Vie & de la Passion de notre Sauveur. Acquittez - vous . en éxacte- ment dans un esprit de penitence. Cet esprit vous découvrira encore une infinité d'autres moyens & d'oc- casions qui échapent aux négligens, & il vous conduira dans cette re- gion de paix & de misericorde, où vous chanterez avec le Prophete Roy : *Seigneur , nous nous sommes réjoüis des jours que vous nous avez affligez , & des années que nous avons senti les amertumes de la pé- nitence.*

*La maniere de bien communier.*

L A premiere chose necessaire pour bien communier : est une haute estime pour ce divin Mis- tere. Vous la concevrez, si vous considerez ia grandeur de celui qu'il contient. Les autres Sacre-

mens ſont pleins de la grace & de
la vertu de Dieu, qui y opere notre ſanctification. Mais le Seigneur
de la grace, & le Dieu des vertus
eſt dans celui - ci en propre per-
ſonne, & il y eſt pour s'y donner
tout à vous, & pour vous tranſ-
former en lui-même. Que la Majeſté donc de ce grand Roy ne vous
empêche pas de l'aborder dans un
lieu où il ne reſide que pour vous:
mais qu'elle vous porte auſſi à vous
mettre dans l'état où il veut vous
trouver lors qu'il viendra. Voici
en peu de mots les trois diſpoſitions
les plus neceſſaires qu'il demande
de vous:

La premiere, eſt la pureté de la
conſcience, c'eſt - à - dire que vous
ſoyez exempt de tout peché mortel.
Cette diſpoſition eſt ſi neceſſaire,
que ſi on s'approchoit de ce divin Sacrement ſans l'avoir, on com-
mettroit un horrible ſacrilege, &

on y recevroit, comme dit ſaint
Paul, ſa propre condamnation.
Ceux-là s'expoſent au danger d'un
ſi grand mal, qui après s'être aban-
donnez à une vie remplie de crimes, viennent aux bonnes fêtes ſe
confeſſer à la hâte; & après avoir
achevé de vomir une infinité de
gros pechez, dont ils n'ont fait
aucune penitence, au moment
qu'ils ſe levent des pieds du Prêtre, vont hardiment recevoir la
Communion. Des conſciences ſi
ſales ne ſe nettoyent pas ſi legerement; gardez-vous donc d'imiter
ces temeraires: Mais ſi vous vous
trouviez dans ce malheureux état,
confeſſez - vous quelques jours auparavant que de communier, &
après cela prenez du temps & du
loiſir pour mieux purifier votre
ame par les larmes, par la priere,
& par les autres exercices de la penitence. Commencez de bien vivre

H iij

pour vous difpofer à manger le pain
des vivans ; & après, vous vous ap-
procherez avec une profonde humilité de ce Pain celefte, qui ne
nourrit pas feulement les forts, mais
qui fortifie auffi le cœur des foi-
bles, lors qu'ils le prennent pour
s'affermir dans le bon chemin qu'-
ils ont commencé à fuivre.

La feconde difpofition eft la pureté d'intention ; c'eft-à-dire, qu'on
ne doit pas s'approcher de ce divin
Sacrement par coûtume, par refpect humain, pour fatisfaire tellement quellement au precepte de
l'Eglife, pour y trouver quelque
devotion fenfible, ou pour quelqu'autre femblable motif : mais on
doit s'y propofer la fin pour laquelle
notre Seigneur l'a inftitué ; qui eft
en nous donnant fon Corps, de
nous communiquer fon efprit, qui
nous transforme tout en lui, qui
nous faffe vivre de lui, par lui

& comme lui, c'eſt-à-dire avec la charité, l'humilité, la patience, l'obeïſſance, la pauvreté d'eſprit, la mortification de la chair & le mépris du monde, qui ont paru en lui. Voila quelle doit être votre principale fin ; & de faire de plus ce qu'il nous commande, qui eſt de renouveller en communiant la memoire de ſa mort, & de le remercier de l'ineſtimable bienfait de notre redemption.

Enfin la troiſiéme diſpoſition pour bien communier, eſt la devotion actuelle; c'eſt-à-dire un mouvement ardent & affectueux de l'ame, compoſé de pluſieurs ſaints deſirs, & de diverſes affections ſpirituelles, dont elle eſt pleine quand elle s'approche de ce Sacrement. Car comme pour recevoir utilement la nourriture du corps, ce n'eſt pas aſſez de vivre, mais il faut encore de l'action & de l'appetit; de même

pour bien recevoir ce Pain ce-
leste, il ne suffit pas de vivre par
la charité : Mais il faut encore que
cette charité soit dans l'action, ex-
citant en nous des mouvemens de
respect, de confiance, d'amour, &
sur tout une faim spirituelle de ce
Pain sacré, qui n'est autre chose
qu'un grand desir de s'unir à notre
Seigneur, & de se trasformer entierement en lui.

Pour vous mettre en cet état,
n'attendez pas le moment que vous
devez communier ; preparez-vous-
y au moins dès la veille, par un
grand recüeillement, par de fre-
quentes élevations de votre cœur
à Dieu, par quelque heure de mé-
ditations, par des actions particu-
lieres de pieté. Jeûnez ce jour, ou
du moins soupez legerement, afin
que votre sommeil soit plus pur,
& votre esprit plus libre, pour
s'occuper à de saintes pensées.

Entrant au lit, priez Dieu de vous préserver des illusions de l'ennemi, & de vous tenir auprès de lui pendant votre sommeil. Autant de fois que vous vous éveillerez, renouvellez vos saints desirs, & adorez celui que vous devez recevoir, en vous tournant vers l'Eglise la plus proche où il repose. Aussi-tôt que vous serez éveillé, remplissez votre cœur des pensées de son amour & de ses bienfaits. Excitez-y un grand desir de vous donner tout à lui en le recevant, & de commencer à vivre uniquement pour lui ; allez le trouver dans ce dessein, & après avoir entendu la Messe avec toute la devotion qui vous sera possible, lorsque vous serez sur le point de communier, retirez-vous dans votre néant, abaissez-vous par un profond respect jusqu'à la poussiere, & aux abîmes de la terre, admirant la grace qu'on vous fait de recevoir dans votre corps & dans votre ame un Seigneur d'une si haute majesté. L'ayant reçû, profitez de cet heureux moment pour vous entretenir avec lui. Exposez - lui vos besoins; témoignez-lui votre amour & votre respect; renouvellez votre conversion, priez-le de vous y affermir, & de ne pas permettre que vous mouriez dans sa disgrace. Quoique vous ne sentiez pas dans tous ces éxercices autant de goût & de devotion que vous voudriez, ne laissez pas de les faire. Il suffit que la volonté fasse son devoir; le merite n'en sera pas moindre. Notre Seigneur répandra sa douceur dans votre ame, lors qu'il lui plaira. Enfin terminez cette grande action par un cantique de loüange & d'action de graces. En voici un fort excellent du Prophete Roy; que vous pourrez dire, non-seulement après avoir communié, mais encore tous les jours de votre vie, pour remercier Dieu de votre conversion, & de tous ses bienfaits.

## PSEAUME CII.

*Pour remercier Dieu de ses graces.*

O Mon ame, benissez le Seigneur, & que tout ce qui est au-dedans de moi louë son saint nom. O mon ame, benissez le Seigneur, & n'oubliez jamais les graces qu'il vous a faites. C'est lui qui vous pardonne toutes vos offenses, & qui guerit toutes vos langueurs. C'est lui qui rachete votre vie de la mort, & qui vous environne de toutes parts de la multitude de ses misericordes & de ses bienfaits. C'est lui qui remplit vos desirs par l'abondance de ses biens, & qui vous renouvellera, & qui

vous fera rajeunir comme l'aigle.
Le Seigneur eſt un Dieu qui ſe plaît
à faire miſericorde, & à faire juſtice à ceux qu'on opprime. Le Seigneur eſt clement & doux, il nous
ſupporte avec une grande patience, il eſt plein de miſericorde. Il
ne témoignera pas toûjours ſon
indignation, il ne gardera pas éternellement ſa colere. Il ne nous a
pas traitez ſelon nos pechez, & il
ne nous a pas rendu ce que nos
fautes meritoient. Car autant que
le ciel eſt élevé au-deſſus de la
terre, autant ſa miſericorde eſt
grande ſur ceux qui le craignent.
Autant que le levant du Soleil eſt
éloigné du couchant, autant il a
éloigné nos pechez de nous. Comme un bon pere a de la compaſſion pour ſes enfans, ainſi le Seigneur a eû compaſſion de ceux qui
le craignent, parce qu'il connoît
bien la miſere de notre nature.

Il

Il s'eft fouvenu que nous ne fommes que poudre , que la vie de
l'homme paffe comme l'herbe des
champs , & qu'elle ne fleurit que
pour un moment , comme les fleurs
qui croiffent dans les campagnes.
Un vent fouffle, & elles fe fechent,
il n'en refte pas même la trace au
lieu où elles étoient nées. Mais la
mifericorde de Dieu s'étendra pendant toute l'éternité fur ceux qui
le craignent. Sa juftice protege les
enfans de ceux qui gardent fon alliance, & qui fe fouviennent de fes
commandemens pour les obferver.
Le Seigneur a établi fon trône
dans le Ciel, toutes chofes fe font
affujetties à fon pouvoir infini. O
Anges du Seigneur, beniffez-le,
vous dont la force eft fi grande,
vous qui êtes fi foûmis à fes or-
dres, & qui faites qu'on obeït à
fa voix. Armées innombrables de
ce grand Dieu, beniffez-le toutes ;

I

vous qui êtes ſes miniſtres , & qui
éxecutez ſes volontez. Enfin que
tous les ouvrages du Seigneur le
beniſſent dans toute l'étenduë de
ſa domination ; & vous , mon ame,
beniſſez auſſi ſans ceſſe le Seigneur
votre Dieu.

### *Avis pour bien vivre.*

1. F Uyez ſur-tout le peché mortel , un ſeul ſuffit pour vous
perdre. La ruïne de tout le monde
ſeroit un moindre mal qu'un peché
veniel : Mais le plus grand de tous
les malheurs eſt de devenir l'ennemi de Dieu par le peché mortel.

2. Ayez des ſentimens dignes de
la majeſté infinie & redoutable du
grand Dieu que nous ſervons, il
eſt la grandeur & la ſainteté même : mais ce qui doit nous obliger
à l'aimer dans toutes les circonſ-
tances marquées dans le premier

des Commandemens , c'eſt qu'il veut que nous l'appellions notre Pere , & qu'il eſt le meilleur Maître qu'on puiſſe deſirer , ayant une eſpece de honte d'être obligez à l'aimer de la ſorte par un commandement exprès , comme ſi ſa bonté & ſon amour qui nous ont prévenus , n'étoient pas des engagemens aſſez forts pour nous y obliger : Nous n'étions rien , & il nous a créez à ſon image ; nous étions perdus , & il nous a rachetez ; nous le fuyions , & il nous eſt venu chercher : Que ne fera-t-il pas quand nous voudrons aller à lui & le ſervir , & que nous le chercherons de tout notre cœur ?

3. Faites donc votre devoir en ſon ſervice , & laiſſez-lui faire le reſte. Ne vous laſſez & ne vous découragez jamais. Humiliez-vous de vos chûtes : Mais relevez-vous d'abord , & pourſuivez votre chemin.

Quand tout vous reüſſiroit mal, quand il vous ſembleroit que Dieu même vous rejette, ne laiſſez pas de le ſervir. Il le merite, vous le devez, vous l'avez promis, cela ſuffit. Du reſte qu'il uſe de ſon ſerviteur comme il lui plaira, il eſt le maître. Mais dans quelques tenebres que vous ſoyez, tenez pour certain qu'il les diſſipera, lorſqu'il le jugera à propos, & toujours pour votre plus grand avantage.

4. Que le feu du divin amour brûle toûjours dans votre cœur. Pour l'entretenir ſouvenez-vous de Dieu & le jour & la nuit, priez-le ſans ceſſe. Remerciez-le de tout. Marchez en ſa preſence ; il a toûjours les yeux ſur vous, élevez ſouvent les votres vers lui. Il eſt votre pere, & le meilleur pere qui ſoit jamais : regardez-le avec des yeux & avec un cœur d'un vrai

enfant ; c'eſt-à-dire avec un cœur
amoureux, un cœur tendre, un cœur
humble & reſpectueux , un cœur
obeïſſant & ſoûmis à ſes volontez :
Enfin avec un cœur plein de confiance parmi vos travaux , & qui
ne veut d'autre protection que celle
de ſa providence.

5. Ce monde ne fait que paſſer
devant vos yeux , il diſparoîtra
bientôt. Que deviendriez-vous pour
lors, ſi vous y aviez mis votre confiance ? Uſez-en donc comme n'en
uſant point , c'eſt-à-dire ſans attache , en paſſant , autant que la neceſſité & le devoir vous y obligent.
Mais vous êtes créé pour Dieu, &
pour vivre éternellement avec lui.
Que lui-ſeul donc ſoit votre tré-
ſor , votre conſolation , votre joye
& toute l'occupation de votre vie.
Celui-là s'occupe toujours de Dieu,
qui fait tout ce qu'il fait pour ſon
amour. Rapportez donc toutes vos

actions à sa gloire ; de la sorte elles deviendront toutes amour, grace
& merite.

6. Le matin en vous éveillant ;
donnez votre cœur à Dieu. Ado-
rez-le ensuite à genoux, remerciez-
le de ses biens, demandez-lui pardon de vos pechez, de ces jours
malheureux dans lesquels vous l'a-
vez oublié. Offrez-vous à lui avec
toutes les actions de la journée.
Renouvellez votre conversion, &
la resolution de servir Dieu & de
combattre le vice qui vous fait plus
de peine. Demandez-lui sa grace,
son amour, & une bonne mort.
Implorez la protection de la très-
sainte Vierge, & de votre bon
Ange. Entendez ensuite la Messe,
si vous pouvez, & passez chaque
jour comme s'il étoit le dernier de
votre vie, & le seul qui vous reste
pour faire penitence.

7. Pendant le jour accomplissez

soigneusement les devoirs de votre état, car c'est la volonté de Dieu. Fuyez les occasions du peché. Quelque grande que soit votre condition, occupez-vous de quelque honnête travail. Veillez sur vous-même, en sorte que vous soyez prêt de rendre raison de tout ce que vous faites. Du milieu des affaires élevez votre cœur à Dieu pour les lui offrir. Recevez avec amour & avec respect les afflictions & les traverses de la vie, comme des presens de la main de Dieu, & des marques du soin qu'il prend de vous envoyer une penitence temporelle pour vous faire éviter l'éternelle. Il remplit le monde d'amertume pour nous en dégoûter. Il promet des choses contraires à notre volonté, pour nous apprendre à aimer uniquement la sienne. Il veut que par la Croix nous mourions aux créatures & à nous-mêmes, afin que lui seul vive en nous.

8. Votre cœur est le Royaume de Dieu : mais il est plein de ses ennemis, qui sont l'orgüeil, l'amour de vous-même, vos passions. Priez ce grand Roy d'établir son trône au milieu de ce peuple mutin. Dites-lui : *Seigneur, faites venir ces ennemis, qui ne veulent pas que vous regniez sur eux, & tuez-les devant vous.* Prenez vous-même les armes du Seigneur pour les combattre, une sainte haine de vous-même, l'abnegation de votre propre volonté, une mortification continuelle.

Enfin portez-vous à toutes ces choses par une grand desir de suivre Notre Seigneur Jesus-Christ. Méditant sa Vie & sa Passion par le Rosaire, demandez-lui sans cesse, par l'intercession de sa très-sainte Mere, son esprit, son amour, &

la grace de l'imiter, & fur tout la perfeverance. Car *celui - là feul fera fauvé, qui perfeverera jufqu'à la fin.*

## ORAISON DU SAINT
### Rofaire.

SOlemnitatem Rofarii beatiſſimæ Virginis Mariæ Genitricis tuæ celebrantes, quæſumus omnipotens Deus, benigno favore proſequere : quatenus ita ipſius facra miſteria contemplemur in terris, ut poſt hujus vitæ curſum eorum fructus percipere mereamur in cœlis. Qui vivis & regnas cum Deo Patre in unitate Spiritûs - Sancti Deus, per omnia ſæcula ſæculorum. Amen.

# LES LITANIES
## DE
## LA SAINTE VIERGE.

Kyrie eleison. Christe eleison.
Kyrie eleison.
Christe audi nos.
Christe exaudi nos.
Pater de cœlis Deus, Miserere nobis.
Fili Redemptor mundi Deus, miserere
nobis.
Spiritus Sancte Deus, miserere nobis.
Sancta Trinitas unus Deus, miserere.
Sancta Maria, Ora pro nobis.
Sancta Dei Genitrix,
Sancta Virgo Virginum,
Mater Christi,
Mater divinæ gratiæ,
Mater purissima,
Mater castissima,
Mater inviolata,
Mater intemerata,
Mater amabilis,
Mater admirabilis,
Mater Creatoris,
Mater Salvatoris,

Virgo prudentissima,
Virgo veneranda,
Virgo prædicanda,
Virgo potens,
Virgo clemens,
Virgo fidelis,
Speculum justitiæ,
Sedes sapientiæ,
Causa nostræ lætitiæ,
Vas spirituale,
Vas honorabile,
Vas insigne devotionis,
Rosa mystica,
Turris Davidica,
Turris eburnea,
Domus aurea,
Fœderis arca,
Janua Cœli,
Stella matutina,
Salus Infirmorum,
Refugium Peccatorum,
Consolatrix Afflictorum,
Auxilium Christianorum,
Regina Angelorum,
Regina Patriarcharum,
Regina Prophetarum,
Regina Apostolorum,
Regina Martyrum,
Regina Confessorum,

Ora pro nobis.

Regina Virginum ,                         ora.
Regina Sanctorum omnium,          ora,
Regina Sacratissimi Rosarii ,        ora.
Agnus Dei , qui tollis peccata mundi ,
   Parce nobis , Domine.
Agnus Dei , qui tollis peccata mundi ,
   Exaudi nos , Domine.
Agnus Dei , qui tollis peccata mundi ,
   miserere nobis.

## Antienne.

SUb tuum præsidium confugimus ,
sancta Dei Genitrix , nostras depre-
cationes ne despicias in necessitatibus
nostris : sed à periculis cunctis libera nos
semper , Virgo gloriosa & benedicta.

℣. Ora pro nobis , sancta Dei Genitrix.

℞. Ut digni efficiamur promissioni-
bus Christi.

## OREMUS.

GRatiam tuam, quæsumus Domine ,
mentibus nostris infunde : ut qui
Angelo nuntiante Christi Filii tui Incarnationem cognovimus , per passionem ejus & Crucem ad resurrectionis
gloriam perducamur Per eumdem Christum Dominum nostrum. Amen.


# FIN.

www.ingramcontent.com/pod-product-compliance
Ingram Content Group UK Ltd.
Pitfield, Milton Keynes, MK11 3LW, UK
UKHW022039170726
13837UKWH00002B/680

9 782329 281599